Host me!?

Let's Play Videos erstellen

Tobias Schindegger

WIDMUNG

Ich widme die 2. Ausgabe der Host me –Reihe all' denjenigen, die sich entschieden haben, ihr Gaming-Erlebnisse auf YouTube zu teilen. – Nur Mut, neue Let's Player braucht das Land! ☺

Inhalt

DANKSAGUNG

Danke an meine Familie, meine Freunde, die mich bei diesem Projekt unterstützt haben. – Ich liebe euch … ☺

Danke auch an die fleißigen Leserinnen und Leser meines gleichnamigen eBooks, die mich ermutigt haben, mich an das gedruckte Werk heranzuwagen.

1.0 Einleitung – Host me !?

"Auch Ratschläge können Schläge sein ..."
Sponti-Spruch

In diesem Ratgeber aus der Host me!? - Reihe werden Sie erfahren, wie Let's Play Videos aufnehmen, auf Youtube veröffentlichen und evtl. sogar mit Ihnen Geld durch eingeblendete Werbung verdienen können. Sie werden erfahren, wie Sie Ihr Computer- btw. Videospiel aufnehmen, kommentieren, schneiden und auf YouTube publizieren.

Ber der Host me!? - Reihe handelt es sich um Ratgeber, die schnell, einfach, günstig und unkompliziert ein Thema bearbeiten. Der Ausdruck Host me!? stammt aus dem bayerischen und bedeutet so viel wie "Haben Sie mich verstanden?". Es ist sozusagen für den Fragesteller von hoher Wichtigkeit, dass sein Gegenüber keine offenen Fragen mehr hat, zu dem Thema allumfassend informiert ist und glücklich und zufrieden sein Tatwerk vollenden bzw. bestreiten kann. Genau dies ist auch das Anliegen der gleichnamigen Reihe.

Selbstverständlich handelt es sich bei diesen Ratschlägen nicht um unumstößliche und für immer und ewig geltende Dogmen. Für Anmerkungen, konstruktive Kritik und /oder offen gebliebenen Fragen, würden wir uns sehr freuen.

Unter folgender eMail können Sie mit mir in Kontakt treten:
gnomunser@gugeli.de

2.0 Let's Play Videos – was ist das?

Unter Let's Play – Videos versteht man Videos, in denen das Geschehen aus Computerspielen aufgezeichnet und kommentiert werden. Es geht in erster Linie nicht so sehr darum, das spielerische Können bzw. um ein Lösungsweg aufzuzeigen, sondern vielmehr den Spaß am Spiel mit dem Betrachter zu teilen. Mittlerweile gibt es einige Let's Player (*auch in Deutschland*) die zahlreiche Fans auf Youtube haben, und durch die eingeblendete Werbung Geld verdienen.

3.0 Die Aufnahme

3.1 PC

3.1.1 Software

Um eine Aufnahme des Spieles durchführen zu können benötigen Sie - ganz klar - Software.

Zum einen benötigen Sie Software, um das Spielgeschehen aufzuzeichnen. Zum anderen benötigen Sie Software für die Sprachaufnahme und den Schnitt.

Zum Aufnehmen des Spielgeschehens ist FRAPS am meisten verbreitet. Es kostet ca. 20,- €. Die kostenlose Testversion kann zum Erproben auch gerne genutzt werden. Sie hat aber Funktionseinschränkungen und das Video wird mit einer Werbeeinblendung versehen. Ich würde dennoch empfehlen, diese zuerst auszuprobieren. Denn damit können Sie testen, ob Ihr Rechner die entsprechende Performance zum Aufnehmen von Videos hat.

FRAPS finden Sie unter http://www.fraps.com/

Um die Audiokommentare hinzuzufügen und zu bearbeiten hat sich AUDACITY bewährt. Diese Software kostet nichts und ist hier zu finden: http://audacity.sourceforge.net/

Als kostenlose Videoschnittsoftware wird LIGHTWORKS empfohlen. Diese finden Sie u. a. auf http://www.chip.de/downloads/Lightworks_45845961.html Die PRO-Version benötigen Sie nicht. Die kostenlose Version genügt völlig.

Windows Movie Maker

Um die Dateigröße zu optimieren, sollten Sie die Video-Datei von LIGHTWORKS verkleinern, da sie diese letztendlich bei YouTube noch hochladen müssen. Windows Movie Maker bietet sich an, da dieses den meisten Windows-Versionen bereits beiliegt. Natürlich können Sie auch jeden beliebigen anderen Videokonverter verwenden bzw. (*bei entsprechender Bandbreite*) auch eine große Datei hochladen.

3.1.2 Das Vorgehen

Bevor das eigentliche Spiel gestartet wird, öffnet man die beiden Programme (*FRAPS und AUDACITY*).

Für die Aufnahme des Audiokommentares empfehle ich ein Headset (*Kopfhörer + Mikrofon*)

Für die Aufnahme des Computerspieles sollte bei FRAPS die Einstellungen **Full Size** und **30fps** gewählt werden.
Unter der Rubrik **Sound Capture Settings** setzt man den Haken auf **Record Win7 sound - Stereo** für den Ton des Spiels. Die Einstellung **Stereo** reicht völlig aus.
Der Haken bei **Lock framerate while recording** muss gesetzt sein.
Der Speicherort muss gewählt sein. Idealerweise wäre es eine eigene Festplatte (*nicht nur eine eigene Partition*) mit hoher Zugriffszeit.
Unter dem **Video Capture Hotkey** wählt man eine Taste zum Starten der Aufnahme. Idealerweise sollte diese eine Taste sein, die nicht im Spiel belegt ist.

Jetzt wird das Spiel gestartet. Wechseln Sie über die Tastenkombination ALT + Tab zu AUDACITY und starten Sie die Tonaufnahme Ihres Mikrofons. Drücken Sie abermals die Tastenkombination ALT + Tab, bis Sie wieder zu Ihrem Spiel gelangen. Starten Sie die Videoaufnahme mit dem gewählten Hotkey.
Wenn man schließlich die Videospiel- und Tonaufnahme beendet hat (*Ähnlich wie zu Beginn werden nun beide Prozesse beendet. Mit der Hotkey-Taste beendet man die Aufnahme mit FRAPS. Mit der Alt + Tab – Taste wechselt man zwischen den Programmen*), wendet man sich zunächst dem Audiokommentar in AUDACITY zu. Diesen speichert man als MP3 in möglichst hoher Qualität ab.
Selbstverständlich können Sie das Spiel jetzt schließen.

Die Aufnahme des Videospieles und des Kommentars ist abgeschlossen.

3.2 Konsole

Um von einer Konsole ein Let's Play Video zu erstellen, kommt man an einer Anschaffung von spezieller Hardware leider nicht vorbei. Es gibt zwar Gerüchte, dass die xBox One von Hause aus Gameplay – Videoschnitte durchführen kann, aber wie und in welchem Umfang und ob sich das auch bei den anderen und überhaupt für den europäischen Markt durchsetzen kann ist fraglich.

Es gibt zweit Möglichkeiten ein Gameplay-Video zu erstellen:

- Mit PC über eine TV-Tuner-Karte
- oder ohne PC mit der Mitschnittbox **Game Capture HD** von Avermedia

3.2.1 Gameplay-Video mit der Mitschnittbox Game Capture HD von Avermedia

Die Box kostet ca. 100,- € Die High Definition Box (HD) ist etwas teurer. Es bleibt Ihnen überlassen, in welchem Online-Shop Sie diese bestellen wollen. Unter http://www.google.de/shopping können Sie den billigsten Anbieter herausfinden.

Außerdem brauchen Sie ein Speichermedium, auf dem die mitgeschnittenen Videos abgespeichert werden können. Die Capture-Box besitzt einen USB-Anschluss, mit dem Sie einen USB-Stick oder eine externe Festplatte verbinden können.

Das Gerät kann jede HD-Auflösung bis maximal 1080i abgreifen und mit H.264-Kompression als AVI-Datei speichern. Ein separater PC ist für den Mitschnitt nicht mehr notwendig. Neben der Box legt Avermedia eine Fernbedienung und die notwendigen Kabel für Xbox 360, PS3 und Wii in den Karton. Die Wii U wird (*noch*) nicht unterstützt.

Die Box zwischen Konsole und Fernseher geschaltet und schleift die Signale künftig durch. Das bestehende HDMI-Kabel muss im Übrigen beiseitegelegt werden. Da die **PlayStation 3** und die neueren Baureihen der **Xbox 360** (*samt neueren Dashboard-Versionen*) eine HDCP-Verschlüsselung nutzen, funktioniert die Game Capture HD ausschließlich über die beiliegenden Komponentenkabel.

Nintendos Wii bietet ohnehin keinen HDMI-Ausgang – auch hier kann Komponente genutzt werden. Nach dem Verbinden aller Kabel und dem Start von Fernseher, Capture-Box und Konsole geht es wie folgt weiter:

Bevor Sie die erste Aufnahme starten können, muss das Speichermedium (*USB-Stick oder –Festplatte*) erkannt und eventuell formatiert werden. Das Menü wird mit der Fernbedienung gesteuert. Die Einstellungen erlauben Aufnahmen in SD-, 720p- oder 1080i-Qualität. Je höher die Auflösung, desto höher der Speicherbedarf auf dem USB-Stick bzw. der USB-Festplatte. Außerdem kann die Bitrate in drei Stufen angepasst werden. Eine halbe Stunde Video-Material in 1080i bei einer Datenrate von 10 MBit/s benötigt etwa 1,5 bis 2 GByte Speicherplatz.

Weiterhin gibt es zwei unterschiedliche Aufnahme-Modi: Standard und Echtzeit. Im ersten Fall steht das komplette Menü samt aller Funktionen zur Justierung zur Verfügung. In diesem Modus kommt es jedoch zu leichten Lags und einem kurzen schwarzen Bildschirm nach Start der

Aufnahme. Der Echtzeit-Modus bietet ausschließlich die Snapshot- und die Aufnahme-Funktionen.

Ich würde folgende Einstellungen empfehlen:
- **720p und 10 MBit/s im Echtzeit-Modus**

Das externe USB-Gerät (Stick oder Festplatte) kann dann anschließend an der Rechner angeschlossen werden, um das Gameplay-Video zu bearbeiten und bei YouTube hochzuladen.

Kopieren Sie sich das Video auf Ihre PC-Festplatte.

Starten sie AUDACITY. (Vergessen Sie nicht Ihr Mikrofon bzw. Headset anzuschließen).

Starten Sie die Aufnahme und lassen das Gameplay-Video laufen und kommentieren Sie es nachträglich. Anschließend beenden Sie ihre Aufnahme.

Folgen Sie nun den Schritten in dem Kapitel
„4.0 Video bearbeiten und hochladen"

3.2.2 Gameplay-Video mit TV-Karte

Natürlich besteht auch die Option, die Spielekonsole an den PC anzuschließen. Dazu benötigen Sie eine TV-Karte mit entsprechenden Eingängen. HDMI, Cinch … je nach Konsole und eine entsprechend mitgelieferte Aufnahmesoftware.

Sie können gerne mal nach „*TV-Karte HDMI Eingang*" bzw. „*Capture TV HD*" googlen.

Ich empfehle z. B. die „*AVERMEDIA Game Broadcaster HD*"

Diese finden Sie u. a. hier: http://www.amazon.de/AVERMEDIA-Broadcaster-Aufnehmen-Streamen-Komponent/dp/B006VP0P6W?tag=bildungsspender-21

Schließen Sie Ihre Konsole gemäß dem Handbuch an. Es ist wichtig, den HDMI-Eingang zu wählen. Starten anschließend die Software zur Aufnahme.

Parallel starten Sie AUDACITY.

Sie sollten wieder nach dem Prinzip wie in Kapitel „3.1.2 Das Vorgehen" sowohl eine Gameplay-Video-Datei, als auch eine Kommentar-Audio-Datei erstellen.

Um diese zusammenzufügen und aufeinander abzustimmen, lesen Sie das Kapitel „4.0 Video bearbeiten und hochladen".

4.0 Video bearbeiten und hochladen

Jetzt wenden wir uns der Schnittsoftware LIGHTWORKS zu.

Wir beginnen ein neues Projekt **Create New Project**.
Bei der **Framerate** wählen Sie ebenfalls wie in FRAPS den Wert **30**.
Falls Sie das Spiele-Video mit einer niedrigeren oder höheren Rate aufgenommen haben, wählen Sie bitte diese.

Wichtig! Die Videoaufnahmen werden nun als Link importiert, da ansonsten die Aufnahme-Datei nochmals auf die Festplatte kopiert.
(**Import – Create Link**)

4.1 Die Timeline

Die Spur V1 symbolisiert die Bildspur.
A1 und A2 sind die Audiospuren des Videos (Stereo, linker Kanal, rechter Kanal)

Für den gesprochenen Kommentar, welcher mit AUDACITY aufgenommen wurde, stehen weitere Audiospuren zur Verfügung. Dort fügen Sie Ihre MP3-Datei ein. Schieben Sie den Kommentar entsprechend der Video-Datei hinzu, so dass es synchron wirkt.

Selbstverständlich kann man nun das Video auch schneiden. Markieren Sie entsprechende Stellen und klicken Sie auf **Delete** zum Löschen der entsprechenden Stelle.

Wenn der grobe Schnitt beendet ist, kann man Übergänge einfügen. Bitte entscheiden Sie sich für einen Übergangseffekt. Es wirkt visuell verstörend, wenn man unterschiedliche Übergangseffekte verwendet. Auch Übergänge zu häufig hintereinander sind für den Betrachter irreführend.
Probieren Sie sie unter **Effects** aus.

4.2 Exportieren des Videos:

Zum Exportieren des Videos (**Export**) wählen Sie bitte folgende Einstellungen:

HD Auflösung: 720p 30.0fps

oder

klassische Monitorauflösung (PAL) 4:3

Compression MPEG I-Frame HD (50MBits)

4.3 Komprimieren des Videos

Nun öffnen wir das Programm **Windows Movie Maker**.

Wir öffnen unsere Videodatei und speichern diese mit folgenden Einstellungen:

Breite: 1280

Höhe: 720

(*wenn die Spiele-Auflösung eine andere war, korrigieren Sie diese bitte entsprechend*)

Bitrate: 8000 Kbit/s

Bildrate: 30 F/s

Audioformat: 192 Kbit/s 48 kHz Stereo

4.4 Hochladen des Videos auf Youtube

Öffnen Sie die Seite http://www.youtube.de
Loggen Sie sich ein. Falls Sie noch kein Account haben, können Sie
kostenlos sich registrieren. Falls man bereits einen Google-Account hat,
geht das ganz schnell.
Klicken Sie auf die Schaltfläche „Video hochladen"
(Alternativ können Sie auch den Direktlink
http://www.youtube.com/upload wählen)
Die weiteren Schritte sind selbsterklärend.

5.0 Werbung schalten – Geld verdienen

Um Geld mit YouTube-Videos zu verdienen, muss man ein AdSense-Konto einrichten, sofern Sie nicht bereits eines haben.

5.1 AdSense neu einrichten

Wenn Sie noch kein AdSense-Konto erstellt haben, gehen Sie wie folgt vor:

Rufen Sie in den **Kanaleinstellungen** die Seite **Monetarisierung** auf.
Von der Seite AdSense-Verknüpfung gelangen Sie zu AdSense.
Über die Option unten auf der Seite können Sie das gewünschte Google-Konto auswählen.
Geben sie das Passwort für ihr Google-Konto ein.
Bestätigen Sie die Verknüpfung und geben Sie Ihre Zahlungsinformationen ein, bevor Sie die Daten senden.
Anschließend gelangen Sie zurück zu YouTube.

Hinweis:
AdSense sendet ihnen möglicherweise ein Update per eMail zu.

5.2 YouTube mit AdSense-Konto verknüpfen

Wenn Sie bereits ein genehmigtes AdSense-Konto besitzen, gehen Sie wie folgt vor:

Rufen Sie in Ihren **Kanaleinstellungen** die Seite **Monetarisierung** auf.
Von der Seite AdSense-Verknüpfung gelangen Sie zu AdSense.
Über die Option unten auf der Seite können Sie das gewünschte Google-Konto auswählen.
Geben Sie das Passwort für Ihr Google-Konto ein.
Nachdem Sie die Verknüpfung bestätigt haben, gelangen Sie zurück zu YouTube.

Hinweis:
Sie können das AdSense-Konto, welches mit Ihrem YouTube-Konto verknüpft ist, auch ändern oder aktualisieren, indem Sie die obigen Anweisungen befolgen.

6.0 Schlusswort

Irgendwann ist auch der schönste Ratgeber zu Ende. Lassen Sie sich von ersten Fehlversuchen und kritischen Stimmen nicht unterkriegen. Lassen Sie sich das Erstellen von Let's Play Videos nicht vermiesen. Glauben Sie an sich. Versuchen Sie aus Kritiken das Konstruktive herauszuziehen, ohne dass sie sich selbst dabei untreu werden.

Ich hoffe Ihnen das Lesen des Ratgebers genauso viel Spaß gemacht, wie mir ihn zu schreiben.

Für Rückmeldungen und Kundenrezensionen auf Amazon.de würde ich mich freuen.

Liebe Grüße und viel Erfolg wünscht …

… Ihr Tobias Schindegger

eMail: info@gugeli.de
Autorenseite: http://www.amazon.de/Tobias-Schindegger/e/B0099NFGLC

7.0 Bisher in der Host me!? –Reihe erschienen

Host me!? - Kindle eBooks erstellen und erfolgreich bewerben
In diesem Ratgeber aus der Host me!? - Reihe werden Sie erfahren, wie sie ihr Manuskript in ein eBook für Amazon's Kindle umwandeln, auf Amazon zum Verkauf anbieten und es erfolgreich bewerben können. Sie werden erfahren, wie Sie ihren Text vorbereiten, ein ansprechendes Cover gestalten und möglichst viele potentielle Leserinnen und Leser bzw. auch Käuferinnen und Käufer erreichen.

Bei der Host me!? - Reihe handelt es sich um Ratgeber, die schnell, einfach, günstig und unkompliziert ein Thema bearbeiten. Der Ausdruck Host me!? stammt aus dem bayerischen und bedeutet so viel wie *"Haben Sie mich verstanden?"*. Es ist sozusagen für den Fragesteller von hoher Wichtigkeit, dass sein Gegenüber keine offenen Fragen mehr hat, zu dem Thema allumfassend informiert ist und glücklich und zufrieden sein Tatwerk vollenden bzw. bestreiten kann. Genau dies ist auch das Anliegen der gleichnamigen Reihe.

http://www.amazon.de/Host-erstellen-erfolgreich-bewerben-ebook/dp/B00BLU0BOI?tag=bildungsspender-21

8.0 Impressum

Tobias Schindegger
Lindenweg 63

99867 Gotha

eMail: info@gugeli.de

http://www.amazon.de/Tobias-Schindegger/e/B0099NFGLC